contra a parede

contra a parede

antonio veloso maia

Editora Senac Rio – Rio de Janeiro – 2024

Contra a parede © Antonio Veloso Maia, 2024.

Direitos desta edição reservados ao Serviço Nacional de Aprendizagem Comercial – Administração Regional do Rio de Janeiro.

Vedada, nos termos da lei, a reprodução total ou parcial deste livro.

Senac RJ

Presidente do Conselho Regional
Antonio Florencio de Queiroz Junior

Diretor Regional
Sergio Arthur Ribeiro da Silva

Diretora Administrativo-financeira
Jussara Alvares Duarte

Assessor de Inovação e Produtos
Claudio Tangari

Editora Senac Rio
Rua Pompeu Loureiro, 45/11º andar
Copacabana – Rio de Janeiro
CEP: 22061-000 – RJ
comercial.editora@rj.senac.br
editora@rj.senac.br
www.rj.senac.br/editora

Gerente/Publisher: Daniele Paraiso
Coordenação editorial: Cláudia Amorim
Prospecção: Manuela Soares
Coordenação administrativa: Vinícius Soares
Coordenação comercial: Alexandre Martins
Preparação de originais/copidesque/revisão de texto: Jacqueline Gutierrez
Projeto gráfico de capa e miolo/diagramação: Julio Lapenne
Impressão: Coan Indústria Gráfica Ltda.
1ª edição: outubro de 2024

CIP-BRASIL. CATALOGAÇÃO NA PUBLICAÇÃO
SINDICATO NACIONAL DOS EDITORES DE LIVROS, RJ

M184c

    Maia, Antonio Veloso
        Contra a parede / Antonio Veloso Maia. - 1. ed. - Rio de Janeiro : Ed. SENAC Rio, 2024.
        128 p. ; 21 cm.

    Inclui índice
    ISBN 978-85-7756-535-1

    1. Poesia brasileira. I. Título.

24-94326
    CDD: 869.1
    CDU: 82-1(81)

Meri Gleice Rodrigues de Souza - Bibliotecária - CRB-7/6439

Na verdade, o que seria poesia, essa palavra constrangedora?
Clarice Lispector
A mensagem

Mas, do que falamos quando falamos em "poesia"?
Paul Valéry
Questions
de poésie

Cultivar o deserto / como um pomar às avessas.
João Cabral de Melo Neto
Psicologia da
composição

aos sete, oito ou nove leitores

omo, e com, peças da invenção, esta obra contorna pontos do acordo

ortográfico. não o faz por irrelevâncias. explico: algumas palavras

erderam acentos, brigaram por eles; compostas, que perderam hifens,

fizeram birra: sem hífen, não saio. o que fazer? saíram ...

dvirto que elas e eles – palavras, acentos, hifens – foram abençoados

or Rosas e Concretistas, Machados e Modernistas, Carlos e Clarices,

gum João, Manuéis e Mários, Cartolas e Caymmis, Toms e Vinicius,

Leminskys e Cacacos, Anas e Orides, Chicos e Caetanos,

Repentistas e Cantadores.

I

quando um poema, henry james?

eu sempre tento
eu sempre me preparo

eu sempre utilizo a ponta
mais fina

eu sempre tenho muito cuidado
na hora de cozinhar

eu porém sempre esqueço
a receita

algum vestígio

e começar sem alarde
nova escavação

passear os entremeios
no estranhamento

aprender arquiteturas
onde desconforto

para talvez conhecer
do poema vestígio

veio / viés

1 . prumo

todo vertical
logo oscila

sábado verte cal
na linha

a palavra suspensa
pedra por um dia

por um fio
pêndulo

poesia

2 . escavação

palavra pedra
pêndulo poesia

ao longo da linha
de prumo

o fio das escavações
à procura (impertinente)

das aliterações
em p

longe do fôlego e do rigor
(engenheiros)

no trato de um talho

latina

experimento as sílabas de um encontro
descubro na saliva sal

leio as tentativas de um achamento
no timbre das coisas – o ensaio

dos movimentos em uma física
do sonoro: a possibilidade

de uma acústica diferente inaugurar
susto sintaxe suor

concerto

depois de alguns metros
o poema não anda

calçada vitrine revista calor
logo ensaio um arranjo

no rodapé da página 62
um anúncio insinua saídas

outro vermelho pavimenta
o dia cheio de esquinas

verde

uma diagonal em horas
alicia gestos fachadas vitrines
                              [nomes
cores. quando sob a sombra
os olhos gasosos
o perfil da mão direita traz
com os cabelos
o contorno de frases metálicas
saídas de uma tarde
distraidamente
verde.

arquipélago

àquela solidão colo
suas geografias

acidentes recortam o mapa
e cortam linhas que se pediam

contínuas – e mesmo
agora

passeio por este istmo
que insiste – o mar

ata à pele sal

vida provisória

tarde equivocada

enquanto a moça
do tempo falava
penso em você

(antigas toalhas
torcem a nudez)

dizendo – *do jeito
mais simples e lindo
do mundo* – amar

um banho de chuva

retrato quando

depois do banho retratos
moldura olhos boca

um turbante tomado à toalha rouba o resto
do shampoo – defende a sensualidade de uma casa
com varanda e gradil

o instante / a estante – onde o álbum?

longe do modelo memória

preciso quem sabe voltar ao xadrez   aque
le piso do banheiro   reaprendê-los   em
dezesseis de junho de dois mil e quatro   solda
dos torres cavalos   este nu de tabuleiro

the end of the affair

se ódio não é um termo amplo demais – leio
em graham greene – *para se usar em relação a um ser*
humano, eu odiava . . .

eu me despi dos teus olhos mas continuei
azul. azul *r a i v o s o* . manchei algumas peças com o tempo
da recriação. procurava então um verbo
para agir.

parêntesis para abandonar alhures
todas as palavras e todas as coisas que não cabem mais
neste poema. não
há espaço. fechei o sinal.

olhei para os teus olhos: eles
não mais existiam – em boa hora estivessem
ali
        v a z a d o s pelo meu ódio. teu poema.

poema de um descuido

aquele (futuro) pequeno estranho poema em prosa
nasceu de um descuido – um leve e perdoável descuido.
não é uma origem ruim. o acaso pode às vezes inventar
um lance. as palavras, as coisas, um aprendiz de poemas.
(eu) jamais poderia escrever uma oração, delicada
e delicada, como esta: a flor saiu por um leve descuido
no teclado. (não se pode confiar, muito, na técnica).
existem coisas ali que os teus dedos no momento mesmo
que pressionavam as teclas não poderiam supor.
há muito mistério na fatura; outros, maiores, na leitura.
também este poema é um descuido. muita coisa não é
possível ver. tomarei tua sentença em um (futuro) poema.
para evitar riscos de descuidos, aqui, preciso talvez
de um novo teclado (ou seria um teclado novo?).
os dedos (os meus) continuam os mesmos, mais velhos –
e nem por isto mais criativos. contudo, águo a flor.
parêntesis, vírgulas. como evitar descuidos no poema?

amarelo podre

um insidioso amarelo
na porra na pele na voz
pelo nome estupor
capta nas esquinas do abismo
não o neon (insone)
mas o frio fino barulho
do penúltimo jato – mais
difícil é costurar o cansaço
contra o novo acordo
(ortográfico, inclusive)
–

no salão as mulheres vão
e vêm a falar de brad pitt

labirinto

iluminar sem alarme
outra escavação

fustigar os entremeios
no estranhamento

aprender arquiteturas
e geografias

para quem sabe reler
no amor vestígios

de um labirinto – vênus
borda desencontros

contra a parede

ouço cinza o gesto
de um homem
preso a pequenas tragadas
que percorre
                um cigarro
com passos curtos e dedos
o gelo das paredes
e os quatros cantos do quarto
à procura
            u r g e n t e
de um cinzeiro

outras p o s s i b i l i d a d e s

> *Prefiro o cinema. / / Prefiro as exceções.*
> Wislawa Szymborska
> [Possibilidades]

prefiro as diferenças – ortográficas sexuais . . .
prefiro as franjas das possibilidades.
prefiro os primeiros cinemas – p&b m u d o.
prefiro a estranha distância brecht.
prefiro as calçadas – prefiro as pessoas.
prefiro pensar em graco babeuf.
prefiro as cumplicidades eletivas.
prefiro uma tabacaria – café & fumantes.
prefiro as gotas pollock – e lentes rembrandt para o risco.
prefiro uma felicidade clandestina.
prefiro as ligações químicas da melopéia.
prefiro as aliterações.
prefiro os parêntesis – prefiro as digressões.
prefiro a ficção que se desentende com o real.
prefiro um dia em tókio com ozu.
prefiro o amor à flor da pele em hong kong.
prefiro o anjo exterminador – i pugni in tasca.

prefiro voz e violão – prefiro joão.
prefiro considerar o poema – *prefiro uma flor
anti-euclideana.*
prefiro a arte da linguagem por um desvio.
prefiro as crônicas. prefiro os céticos.
prefiro uma leitura erótica da arte.
prefiro não achar – e procurar mais – prefiro errar.
prefiro três coisas que sei dela – nome elegâncias
humor.
prefiro as perguntas.
prefiro bartleby – *muita vez prefiro não fazer.*
prefiro desconfiar do estalo.
prefiro a sátira menipéia – prefiro o corte luciânico
do machado.
prefiro a vida como ela é – divertida e ordinária.
prefiro também repetir: *não sei não sei não sei . . .*

II

acontecimentos

os lados do círculo

os nós escondidos
torcem os desenhos

entortam os vôos
amarram os corpos

ao solo das dobras

este tempo frágil

nada. quando criança eu não era muito jovem.
depois fiquei mais novo. e tudo piorou bastante.
você perde o ônibus. a porta bate na sua cara.
sim. absurdo e inverossímil. falta espaço.

adjetivos são cavalos doentes. este tempo frágil.

eu só aprendi a saber ler bem mais tarde.
a escola e a família tinham feito já um grande estrago.
não havia então muitas saídas. fui inventar estórias.
quando criança eu não era muito jovem. nada.

onde a epígrafe de thomas bernhard?

agora aquela foto depois

> *Através do amarelo antigo ...*
> Herberto Helder
> Equação

insistentes. os cheiros da cozinha saem
da gaveta. e logo um balde descalço
da ordenha subia a escada. eram antigas
e familiares as frestas no assoalho. aquela
mesa – veria as demolições – amanhecida
como centro da rude mobília reconhecia
os meninos enquanto as manhãs (depois
os dias pensariam as tardes) longe do cáqui
e da batina inventavam desde-sempre
as mesmas estórias. mas já alguns copos
aborreciam as moscas. tampouco os bancos
resistiriam ao inverno. *a foto para o centro
do tempo*. agora este e-meio para ella.

dentes intestinos

sabendo ao mesmo tempo como
esgrimir – quando dar ao diálogo

o intenso trabalho das lâminas,
um desenho de facas. instala

o cio átomos de metais feitos
farpas. uma serra quase – seus

dentes intestinos. a palavra,
o tempo – sabendo mesmo como.

notas para bater luvas

O gato se atirava contra a porta.
Paula Fox
Desperate characters

você não sabe o que simbolicamente ocorre.
você está fora do mundo.
você continua absorvido por uma vida impessoal.
você não vai sobreviver a isto.
você jamais imaginou o que está acontecendo agora.
você como toda gente é teimoso e burro.
você sempre será escravo da maldita introspecção.
nossas certezas – *becos sem saídas.*
você pode *passssear* entre o rancor e as cordas.
você continua especialmente ridículo.
você pode tentar manter-se calmo – não vai conseguir.
você tem grandes olhos burgueses e racistas.
você não percebe a desconstrução dos nossos humanos privilégios.
você não deve desprezar de todo a melancolia.
você pode escolher entre a depressão e o desespero.
você anda na moda – um cínico.
você está assistindo um filme onde nada acaba bem.
você não vai ver um *the end* no final.

ódios – não gaste os tubos com antibióticos.
você sabe: o seu inglês é muito ruim.
você nunca aprendeu a amar uma mulher.
você é quase uma inutilidade.
você pode tentar vingar-se da morte e da vida.
você não vai levar muita coisa.
roubar fragmentos – nosso melhor crime.
você não está pronto ainda?

toda sua – *uma* . . .

– e sobretudo a boca voraz para nada.
Clarice Lispector
O livro dos
prazeres

1 . *tempo de guerra*

toda família é uma doença
toda doença é uma crônica

toda crônica é uma porta
toda porta é uma exigência

toda exigência é uma nudez
toda nudez é uma idéia

toda idéia é uma roupa
toda roupa é uma mentira

2 . outra queda

toda família uma nudez

sua doença uma roupa

uma solidão toda *s u a ?*

[não há chance]

uma impossibilidade dada ao barro
ilumina o vegetal e seus nervos
de carbono

no canteiro o avesso – *mil faces secretas* – do avesso
de um homem cava minérios (os pulmões
então condenados) e mede o oxigênio

onde desenho funda fazeres
             [estréia alicerces
             [ergue ritmos
             [aponta estórias
             [e sobre a laje o traço do discurso

são 29 andares incluindo pilotis
e garagem onde um-stop-
de-automóvel onde uma-tentativa-de-estar-
no-mundo onde

[sobra entulho]

e n e r v a ç õ e s

a . crise

muito plural

em desertos
sem urgências

molda a forma
que atravessa

falsos estares

b . forma

sem crise não há solução.

saída.

salvem a crise, amem.

das serventias

para manejar o verbo cortar:
humildade, destreza – e amolar,

na pedra, instrumento com fios, na
face, da primeira ironia.

lidas de arma perfurante:
e, contudo, ambíguas: facas –

a ponta para falar dos yahoos.

vinte palavras: as serventias

das medidas – engenharias.

das engenharias

saias de viadutos

falseiam astúcias

perto do cansaço

corpos adiados

despedem abraços

inventam fracassos

a s f a i x a s , a f a u n a

. . . às *vezes, acontece*

também um decote
casual (em vê)
cultiva contornos
e dores a fauna

o peso do tigre
nas dobras (das faixas)
mata biologias
os dentes linguagem

o sinal, vai abrir . . .

cadernos de cinema

a câmera na mão
descortina potências,

lista os monumentos
da humana comédia –

na mesa de edição
um sonoro cortejo

de cultura e barbárie.
curta-longa-metragem.

curta-longa-metragem

um desafio ao tempo
desamarra o vôo

o plano do mergulho
desenha o impulso

[o fôlego contorna
reduzidos devires]

no salto um cortejo
de cultura e barbárie

tece o movimento
desta orquestra
[trágica

r-u-í-d-o-s

ruídos à flor da pele

isso o assusta? / creio que sim.
mas vale a pena. / mesmo que doa.

na tela grande no escuro o filme a crônica

há talvez dois tipos de pessoas também
muitas as-que-ficam-em-casa
e aquelas-de-almas-desencantadas
nas ruas

cenas diferentes apenas

o vazio o medo o erotismo consomem
a todas
e esse-estrangeiro-encadeamento-miúdo
das coisas

variações de-uma-mesma-sonata

traçam-se hifens / onde almas
                    [e corpos se agitam.

fachadas libido & graphias

escalar muita adrenalina captura

o risco: recorta o estrangeiro
de uma potência que imprime
ao texto calor e ruptura:

amarra ao tempo.espaço traços
do circuito – de violência
inclusive – das cores indomadas

da personagem – p e r s o n a

a beleza da jovem reumatologista

passam (nunca tão lentos) a mil
por décadas: uma e outra geração

de velhos com planos e dores – sobra:
falta-memória e mal-estar – fica:

a beleza hoje eterna da jovem reumato-
logista: carteira cpf senha sac – bela

profissional e mulher até amanhã

eventos inventados

> *O mundo foi inventado antigo.*
> Macedonio Fernández
> Museo de la novela
> de la eterna

os pássaros inventaram o vôo

as mulheres inventaram as cores
os amantes a dor

as máquinas inventaram o cio
os números o caos

as montanhas inventaram os vales
os vales a meta
física

as nascentes inventaram os rios
os rios as margens
as margens as pontes

as pontes da história inventaram a política
o governador inventou o medo

o antigo e o enigma inventaram o eco
o eco inventou o mundo

das costelas

um dedo, de preferência, o indicador, o tempo
todo, nas costelas de um cristão, quer dizer,
não só nas costelas de um cristão, mas também

nas costelas (já bem curtidas) de um muçulmano,
de um judeu (bastante resistentes), de um budista,
de qualquer um (outras igrejinhas, tão menores),

e mesmo (quando) de um ateu (neles, o dedo,
exemplar, nas cartilagens), até o estranhamento
construir um incômodo ou pavimentar o gozo.

montagem

o ruído que o salto tirava do piso foi perturbar
alguma timidez – na sala de montagem os fotogramas
os sons do conflito

tudo bem?

aquela distância exigiu
um tempo
                até o ponto onde uma imagem
como esta agora
de fortes traços sonoros rompesse
o fio

tudo.

outra distância estava tão-só
construindo
                o t e m p o
contra
            um insistente estado de terror e poesia

você é o irmão da julia?

praça do ferreira, fortaleza

1 . uma coluna da hora

também aqui nesta praça

um pacote de mistérios
embaraça a voz prata

da insônia – serão as cinzas
desses ruídos vermelhos

dos corpos entre as falas?

2 . a gramática dos bancos

o verso tece a medida

e contra os corpos logo
explode insone a noite

lambe intensa o quarto
como um frio de inferno

comum e ainda, também

sobre uma idéia da noite

1 . muita noite

entre paredes eros
de muito conflito.

a noite estava ali
como um excesso.

mesmo sob dionísio
uma inútil prosa

onde feitos e farpas
revelam a casa

assassinada. luas.

2 . noite inútil

a noite estava ali
como um estorvo

ainda sob o cigarro
o inútil poema

onde corpos e caixas
desnudam o quarto

impossível o mofo
nada nas paredes

l.á.b.i.o.s 4.1

quase cortantes
logo

rochas espalham
duras

[aqueles lábios
sobre

alguma névoa
como]

lascas antigas
caras

carta aos simplórios serafins

– o fetiche. a danação de um veio. os pés.
especialmente o esquerdo não-tatuado.
os olhos logo descem – impossível controlar.
34. a filha de quinze anos da américa.
elas ali – nem parecem mãe e filha não fosse
este detalhe mesmo dos pés. [mora
no vigésimo-sexto andar deste velho edifício.
(barulhento). no centro da cidade invisível.]
ela – assim pintando as unhas. vermelhas
outra vez. aquelas sandálias deixam
os pés nus – escreve o desespero.

os longes

longes e nus
do suor

a memória refaz
o texto

restaura a forma
no cpf

a mudez a nudez
continuam

companheiras

à mão esquerda

o branco dado ao silêncio intimidava
os olhos de irmã. atrás no-dentro
as linhas da tela desenhavam a intuição
da avó com fala antiga: *pelo feitio
da barriga* é *meninamulher*

quando na saída – cuidado com a porta
do elevador – a mão direita ainda
pensava: *mas-como-deixei-isto-acontecer*

à mão esquerda um duplo de ciúme
e novidade advertia: seu namorado
precisa logo saber disso

montagem

(versão dos exibidores)

o ruído que o salto tirava do piso foi perturbar
alguma timidez – na sala de montagem os fotogramas
os sons do conflito

tudo bem?

aquela distância exigiu
um tempo
    até o ponto onde uma imagem
como esta agora
de fortes traços sonoros rompesse
o fio

tudo.

outra distância estava tão-só
construindo
    o t e m p o
contra
   um insistente estado de terror e poesia

você é o irmão da julia?

algumas linhas desta distância
cortadas num lance do acaso levaram
até ele
   aqueles olhos

não.

e n q u a n t o

1 . enquanto o machado marcava o caule

2 . enquanto a saia namorava o ruído

3 . enquanto o banco entediava o movimento

4 . enquanto a tarde cansava o humor

5 . enquanto o sol pensava o vento

6 . enquanto a mão segurava o queixo

7 . ao lado enquanto c o r r i a

e logo tudo ficava insuportável

escuro também desta vez

(à luz, eu não estarei mais aqui)
João Anzanello
Carrascoza
Escuro

escuro: ele está aqui / ao lado

a trama nem tão engenhosa

(há silêncio / olhos presos à tela)

ele não se distrai nunca de mim

(oculta presença / dura película)

envoltos no mesmo instante

o corpo / ainda roupa: escuro

um inventário

1 . de-dentro

mira o quadro

na ponta do dedo
o dardo aponta
o medo (do texto)

atrás das grades

2 . óptica

olhos em zoom / miram o quadro
– na ponta do dedo / um dardo aponta
o medo / atrás das alças
azuis das lentes. e esta / sequência – em
travellings – / logo desconstruída
na moviola. cortes / são uma questão
de geologia. / as erosões

3 . (...)

a alça de mira. o quadro.

a ponta do dedo o dardo
aponta o medo. o alvo.

o alvo. o medo aponta
o dardo o dedo. na ponta

do quadro a mira d'alça.

os mortos e os vivos

bocas gigantescas e lindas,

e sob o texto do espetáculo
uma danação dos afetos;

e seus mil dentes, sempre atentos,
mastigam, trituram os corpos;
um dna cínico, esportivo,

mas também terrível, vulgar –
andaimes bastantes, antigos,

esses novos jogos na arena.

Quintal, chuva, insetos, etc.

desalojam as coisas o vento produzira um som
e logo atingiriam o desenho

o texto impresso em outros olhos impede ver o eco
sobre o meu ombro noto um inseto

ergo mesmo o nariz e acompanho o barulho
vão lentas as nuvens
algumas gotas há pouco marcaram o chão

este alpendre das águas despede também as jabuticabas
rasgo uma casca no quintal

não muito longe ao mesmo tempo um elevador movi-
                                          | menta-se
pessoas outras molhadas ainda

anoto agora o inseto fatia *o espelho d'água*
                              | *da linguagem*

u. t. i. 2 1

verão, este contra-poema não é imparcial. insuportável.
este anti-poema toma partido. um outono vem aí,
[e suas crises.
este poema pensa os invernos como eles são. frios.

minha prima foi assassinada – sua namorada, vera,
está na uti: para efeitos (expressionistas)
da obra em processo: unidade de tempos insanos.

hoje – onde a história? – sabemos quem é alfred rosenberg.
agora – aqui entre nós –, quem será o josef mengele
[amanhã?

depois do almoço: *logo, dia:*

– a conta, por favor;
– crédito ou débito?
– crédito;
– desculpe, deu não autorizado;
– aqui, no débito;
– saldo insuficiente, senhor.

grande deserto: cercas

mourões grávidos dão
às trevas filhos farpados;

bem nos fundos os mortos
lavram dias de léguas –

um everest de desertos
sobre antigos verbos.

III

bailarina

a pequena legenda sob a foto

na página do jornal tece antes
um nome feito de palco apenas

no poema cabe menos ainda

depois ele atravessa o texto
até cobrir e guardar por inteiro

o intenso esforço dos ensaios

vitrine

o contorno-coisa
construído pela qualidade
da luz – [mesmo
neste espaço – (avesso

ao verso?) – a palavra
permanece
uma urgência] – talvez

um enigma
de concreta poesia

estranho leitor

muito do mesmo na falta

o mal-estar em apuros

aquilo que o d e s l o c a

não exatos os fios da trama

a friagem da fatura

tróia dess'estranho heitor

em cabralina armadura

os ensaios

quando um poema, henry james? 13

algum vestígio 15

veio / viés 17

l a t i n a 19

concerto 21

verde 23

arquipélago 25

vida provisória 27

retrato quando 29

the end of the affair 31

poema de um descuido 33

amarelo podre 35

labirinto 37

contra a parede 39

outras p o s s i b i l i d a d e s 41

acontecimentos 45

este tempo frágil 47

agora aquela foto depois 49

dentes intestinos 51

notas para bater luvas 53

toda sua: *uma* 55

[não há chance] 57

e n e r v a ç õ e s 59

das serventias 61

das engenharias 63

a s f a i x a s , a f a u n a 65

cadernos de cinema 67

curta-longa-metragem 69

r-u-í-d-o-s 71

fachadas libido & graphias 73

a beleza da jovem reumatologista 75

eventos inventados 77

das costelas 79

montagem . . . 81

praça do ferreira, fortaleza 83

sobre uma idéia da noite 85

l.á.b.i.o.s 4.1 87

carta aos simplórios serafins 89

os longes 91

à mão esquerda 93

montagem *(versão dos exibidores)* 95

enquanto 97

escuro também desta vez 99

um inventário 101

os mortos e os vivos 103

Quintal, chuva, insetos, etc. 105

u. t. i. 2 1 107

grande deserto: cercas 109

bailarina 113

vitrine 115

estranho leitor 117

[posfácio]

desacordo

algum poema – alguma poesia
também – contorna
pontos do atual acordo
ortográfico: não o faz
por irrelevâncias: mesmo
para vôos curtos
não é permitido viajar
em pé: tampouco saem
do chão as aves em chamas.
goa, timor: *macau, leste?*

p.s. aos poemas

alguns fragmentos foram roubados, literalmente;

outros, tomados e torcidos – *estão, todos, em itálico.*

mas nem todo inclinado é roubo.

para Tatiana, minha filha.

Antonio Veloso Maia

fluminense (São Fidélis); avô de Julia e Junior; mora em Niterói.

A Editora Senac Rio publica livros nas áreas de
Beleza e Estética, Ciências Humanas, Comunicação e Artes,
Desenvolvimento Social, Design e Arquitetura,
Educação, Gastronomia e Enologia, Gestão e Negócios,
Informática, Meio Ambiente, Moda,
Saúde, Turismo e Hotelaria.

Visite o site **www.rj.senac.br/editora**,
escolha os títulos de sua preferência e boa leitura.

Fique atento aos nossos próximos lançamentos!

À venda nas melhores livrarias do país.

Editora Senac Rio
Tel.: (21) 2018-9020 Ramal: 8516 (Comercial)
comercial.editora@rj.senac.br

Fale conosco: faleconosco@rj.senac.br

Este livro foi composto na tipografia Garamond Pro
e impresso pela Coan Indústria Gráfica Ltda., em papel *off white* 90 g/m^2,
para a Editora Senac Rio, em outubro de 2024.